Allons explorer !
Colorie Dora, puis colle les beaux papillons.

Ready for an adventure?
Colle les stickers sur les ombres orange et colorie.

En avant la musique !
Colle le modèle. Ensuite, colorie et décalque les dessins !

Relie les points de 1 à 15 et prends tes plus beaux crayons pour colorier Dora, la jolie planchiste !

Sakado, sakado !
Colle le sticker sur l'ombre rose.
Ensuite décalque et colorie la scène.

Colorie la rencontre entre Dora et la girafe !

Babouche fait une belle photo !

Colle les étoiles qui compléteront le rêve de Dora. Ensuite, colorie en suivant le modèle !

C'est l'arc-en

-ciel magique !

Colorie Babouche en vacances au Mexique.

Repasse sur les pointillés, puis colle les stickers qui t'aideront à colorier et à décorer ta page.

Colorie Dora et Babouche, qui adorent les vacances !

© Viacom
© Viacom
© Viacom
© Viacom
© Viacom
© Viacom
© Viacom
© Viacom
© Viacom
© Viacom
© Viacom
© Viacom
© Viacom
© Viacom

Come see the sea!

Quelle forme de nuage vois-tu ?
Repasse sur les pointillés.
puis colorie Dora et Babouche !

Imagine que tu peux voler
comme un ara !
Colorie la scène et décore ta page.

Colorie la scène en respectant le modèle.

Dora au royaume des fées !
Colle les stickers sur les ombres orange, puis colorie.

Tu peux aussi décalquer les dessins que tu préfères !

Je suis une princesse !

Colle les stickers sur les ombres bleues, puis colorie Dora et Babouche à la plage !

Quelle belle journée pour pique-niquer !
Colorie la scène et décalque les dessins.

Repasse sur les pointillés, puis colorie Dora et les petites coccinelles !

So beautiful!

Chipeur, arrête de chiper !
Sers-toi du modèle
que tu auras collé pour colorier.

Chipeur, arrête de chiper !
Chipeur, arrête de chiper !
Chipeur, arrête de chiper !

Oh, mince !

Dora et Babouche sont devant l'arbre magique !
Colle les stickers sur les ombres mauves, puis colorie.